Walther von der Vogelweide

Lieder von Walther von der Vogelweide

Walther von der Vogelweide

Lieder von Walther von der Vogelweide

ISBN/EAN: 9783743364981

Hergestellt in Europa, USA, Kanada, Australien, Japan

Cover: Foto ©Thomas Meinert / pixelio.de

Manufactured and distributed by brebook publishing software
(www.brebook.com)

Walther von der Vogelweide

Lieder von Walther von der Vogelweide

Lieder

von

Walther von der Vogelweide

Ins Neudeutsche übersetzt

von

Wolrad Eigenbrodt.

Halle a. S.
Max Niemeyer.
1898.

Inhalt.

Liebesglaube.

Mancher fragt, warum ich klage,
Und sagt immer wieder, daß es nicht von Herzen geh.
Der verlieret seine Tage,
Denn von rechter Liebe ward ihm nimmer wohl noch weh.
Darum ist sein Glaube klein.
Wer der Minne
Süßer Pein ward inne,
Der wird wohl mir gläubig sein.

Minne! Jeder kennt das Wort,
Doch ihr Walten bleibet vielen fremd, das ist nun so.
Sie ist aller Güte Hort;
Ohne Minne nimmer ward ein Herz von Herzen froh.
Da Ihr denn mich gläubig seht,
So, Frau Minne,
Labt mir Herz und Sinne,
Daß mein Glaube nicht zergeht!

Das ist meine Zuversicht,
Daß sie mein auch denke, der ich innig zugethan.
Ist es nur ein Truggesicht,
So zerrinnt die Hoffnung mir in freudelosen Wahn

Nein, bei Gott, sie ist ja gut!
Ihre Güte
Blickt in mein Gemüte.
Liebes wohl sie dann mir thut.

Kennte sie den Willen mein,
Liebes wohl und Gutes würde mir von ihr beschert.
Doch wie könnte das wohl sein
Jetzt, da falscher Minne man mit süßem Mund begehrt,
So daß keine wissen mag,
Wie mans meine?
Diese Not alleine
Schafft mir manchen schweren Tag.

Wer zuerst betrog die Fraun,
War ein Missethäter wie am Weibe so am Mann.
Wer mag noch auf Liebe baun,
Seit sich Lieb beim Liebsten nicht vor Falschheit wahren
            kann?
Davor nehm Euch Gott in Hut!
Wollt mich grüßen
Hold mit jenem süßen
Gruß nun, der im Herzen ruht!

Wenn ich bei ihr sitze.

Herr mein Gott, bewahre mich vor Sorgen
Und laß mich recht in Wonne leben!
　Will mir einer seine Freude borgen?
Mein Sang wird ihm sie wiedergeben.
　Wo die Freuden blühn, ich weiß den Ort.
　Ihrer tausend ließ ich dort.
　Manche wohl von ihnen
Soll mir mein Sang verdienen.

All mein Glück wohnt bei dem einen Weibe!
Ihr Herz ist aller Tugend Kern.
　Und so herrlich ist sie auch von Leibe,
Daß man ihr wahrlich dienet gern.
　Wohl ein Lachen wird mir noch von ihr,
　Das will ich gewinnen mir.
　Kann sie das verwehren?
Sie wird mir Huld bescheren.

Wenn ich wohl zuweilen zu ihr sitze
Und sie ein Wörtlein mir gewährt,
　Bringt sie ganz mich von Verstand und Witze,
Daß alles kreisend um mich fährt.
　Wußt ich tausend seine Worte dann, —
　Sieht sie nur mich einmal an,
　Sind sie all vergessen.
Heißt das wohl gut gesessen?

Das Dänkelein.

Wenn ich traurig war, von edlem Weibe
Sang ich dann und wurde froh.
Liebeskummer nimmer ich vertreibe
Wonniglicher mir, denn so.
Heil mir, daß sie auch frohgemut
Mit meinem Lob ich machen kann! Wie das so
wohl mir thut!

Wollt es, ach, die Herrliche, die Eine,
Wär ich traurig keinen Tag.
Sie ist kalt, wie treu ich auch es meine,
Wie ich auch sie preisen mag.
Das hört sie gern und ist gerührt,
Doch an den Sänger denkt sie nicht,
dem doch ein Dank gebührt.

Fremde Fraun mir schönen Dank erzeigen.
Mögen sie gesegnet sein!
Das ist gegen meiner Herrin Reigen
Mir doch nur ein Dänkelein.
Doch wie sie auch mir sei zu Sinne,
Ich mein es gut, und sorge nur,
ob ich es recht beginne.

Mein erstes Wort.

Mein erstes Wort, das sie gehört,
Empfing sie, wie mich dünkte, gut.
Doch als sie erst mein Herz bethört,
Da schien sie anders mir gemut.
Wie gern ich will, ich kann nicht von ihr kommen!
Die große Liebe hat so mächtig zugenommen,
Daß sie nicht frei mich lassen will. Ich muß ihr eigen
           immer sein.
Wohl! Es ist auch der Wille mein.

Rosenbrechen.

Mit der Minniglichen Rosen brechen —
Ach, erleb ich diesen Wonnetag?
Dann so innig will ich mit ihr sprechen,
Daß sie nie mehr von mir lassen mag.
Würde nur mir erst von ihrem roten
Mund ein Kuß geboten,
Wär ich um mein Glück wohl gar nicht zag.

Liebestraum.

„Nehmt, Herrin, diesen Kranz!"
So begrüßt ich eine wunderschöne Magd.
„So zieret Ihr den Tanz,
Ob Ihr auch nur schlichter Blumen Zierde tragt.
Ja, hätt ich viel der edlen Steine,
Solltet Ihr sie tragen.
Glaubet! Laßt Euch sagen,
Daß ich es auch in Wahrheit meine."

„Ihr seid so schön und hold,
Daß ich meinen Kranz Euch möchte geben gern,
Den besten, den Ihr wollt.
Weiße, blaue Blumen weiß ich, Stern an Stern.
Die stehn nicht weit auf jener Heide,
Wo sie schön entspringen
Und die Vöglein singen.
Da wollen wir sie brechen beide."

Sie nahm, das ich ihr bot,
Kindlich wie ein Mägdlein, das in Ehren geht.
Ihr Wänglein wurde rot,
Wie die Lilie, wenn sie bei der Rose steht.
Sie senkte ihre lichten Sterne.
Doch ein Gruß so hold
Wurde mir zum Sold.
Wenn mehr mir wird, das berg ich gerne.

Mich dünkte dazumal,
  Daß so wunderselig nie mir war zu Sinn.
Die Blüten ohne Zahl
  Fielen von den Bäumen über uns dahin.
Wohl mußt ich da vor Freude lachen,
  Daß so reiche Wonnen
  Mir der Traum gesponnen.
Da kam der Tag und hieß mich wachen. —

Mir ist von ihr geschehn,
  Daß ich diesen Sommer allen Mägdelein
Muß fest ins Auge sehn.
  Wenn ich jene finde, schwindet meine Pein.
Wie, wenn sie schritte hier im Tanze?
  Frauen, habt die Güte,
  Rücket auf die Hüte!
Ach, säh ich sie im Blumenkranze!

Unter der Linde.

Unter der Linden
Auf der Heide,
Da unser beider Bette war,
Da könnt ihr finden
Augenweide:
Geknickt das Gras und der Blumen Schar.
  Vor dem Wald mit süßem Schall,
  Tandaradei!
  Sang im Thal die Nachtigall.

Ich kam gegangen
Zu der Aue:
Dort harrte schon der Liebste mein.
Da ward ich empfangen —
Heilige Fraue! —
Daß ich allzeit muß selig sein.
  Küßte er mich? Er wards nicht müd!
  Tandaradei!
  Sehet, wie der Mund mir glüht!

Er hatte gemachet
So reich und minnig
Von Blumen eine Ruhestatt.
Des wird noch gelachet
Wohl herzinnig,
Kommt jemand über diesen Pfad.

An den Rosen er wohl mag —
Tandaradei!
Merken, wo das Haupt mir lag.

Wie wir selig lagen,
Wüßte es Einer,
(Verhüt es Gott!) so schäm ich mich.
Welch ein Spiel wir pflagen,
Keiner, keiner
Erfahre das, denn er und ich,
    Und ein kleines Vögelein —
    Tandaradei!
Das wird wohl verschwiegen sein.

Schönheit und Anmut.

Herzeliebes Mägdelein,
Gott geb dir heut und immer Heil!
Fiel ein beßrer Wunsch mir ein,
Der würde gleich Dir auch zu teil.
Doch was soll ich sagen mehr,
Als daß Dir niemand holder ist denn ich? —
O weh! Das schmerzt so sehr.

Jene tadeln mein Gedicht,
Dieweil es gilt so armer Magd.
Daß sie gar bedenken nicht
Was Anmut ist, sei Gott geklagt!
Sie ergriff die Anmut nie,
Die nur um Geld und Schönheit willen lieben,
ach, wie lieben die!

Schönheit ist oft liebeleer;
Jagst Du ihr nach, bist Du ein Thor.
Anmut giebt dem Herzen mehr,
Die Anmut geht der Schönheit vor.
Anmut macht die Frauen schön.
Doch Schönheit macht nicht anmutvoll,
sie kann vor jener nicht bestehn.

Ihren Spott ich gern ertrug
Und will ihn ferner gern ertragen.
Du bist schön und hast genug.
Was wissen sie davon zu sagen?
Laß sie nur! Ich bin Dir hold
Und halt Dein gläsern Ringlein wert
wie einer Königin Ring von Gold.

Bist Du nur in Treue fest,
So bin ich aller Angst befreit,
Daß Du je geschehen läßt
Mit Willen mir ein Herzeleid.
Doch wenn Treue Dir gebricht,
So sollst Du nie mein eigen sein.
Verhüte Gott, daß das geschicht!

Frühling und Frauen.

Wenn die Blumen aus dem Grase dringen,
   Gleich als wollten lachend sie erwidern
Am Maientag den Blick der Morgensonne,
   Und die kleinen Vöglein schmetternd singen
   Wohl die lieblichsten von ihren Liedern, —
Was wäre wonnig wohl wie solche Wonne?
Man wandelt wie im Paradiese.
   Wißt Ihr eine Wonne noch wie diese?
So höret, was viel süßer noch
Hat meinen Augen wohlgethan! Heil mir, sähn sie
     es heute doch!

Eine Frau in edler Schönheit Reine,
   Wohlgekleidet, schmuck das Haar gebunden,
Wenn Freude suchend sie zum Festplatz geht,
   Sittigheiter, würdig, nicht alleine,
   Manchmal etwas blickend in die Runde,
So wie die Sonne unter Sternen steht, —
Bring uns der Mai all seine Wunder,
   Was ist wohl so wonniges darunter,
Wie ihrer Schönheit edle Schau?
Wir lassen alle Blumen stehn
     und staunen an die werte Frau.

Nun wohlauf, wollt Ihr die Wahrheit schauen,
Laßt uns gehen zu des Maien Feste!
Er kommt mit seinem ganzen Wonnewesen.
Sehet ihn und sehet edle Frauen,
Welches wohl von beiden sei das Beste.
Sagt, ob ich nicht das bessre Teil erlesen?
Ach, wenn mich einer wählen hieße,
Daß ich das eine um das andre ließe, —
Wie wählte wunderschnell mein Herz!
Herr Mai, sie müßte meine sein,
und würdet Ihr zum rauhen März!

Feine Leute.
(Ein Zwiegespräch.)

Viel tugendreich Euch alle nennen;
Drum will ich dienen Euch für alle Zeit.
Euch nicht zu sehen und zu kennen,
Das thäte mir für meine Tugend leid.
Ich würde gern ein beßrer Mann.
So bitt ich, Herrin, — nehmt Ihr Euch meiner gütig an.
Ich führte gern ein edles Leben.
Ich wills, doch weiß ich nur nicht wie.
      Ihr sollt das rechte Maß mir geben.

„Wüßt ich nur selbst das Maß, ja dann
Ein selig Weib wohl nennte mich die Welt.
Ihr seid ein wohlberedter Mann,
Daß Ihr mich preiset und so hoch mich stellt.
Ich weiß noch minder wohl als Ihr.
Doch was thut es! — Ich will Euch gerne raten hier.
Wollt erst mir meinen Wunsch gewähren
Und kündet mir der Männer Sinn!
      Ich will der Frauen Sinn Euch lehren."

Wir wollen, daß Beständigkeit
Euch, gute Frauen, aller Wegen kröne.
Wenn ihr in Anmut fröhlich seid,
Das ist wie Lilienglanz bei Rosenschöne.

Wie wonnig auch der Linde steh
Der Vöglein Singen und drunten Blumenflor
        und Klee —
Noch besser steht den Frau'n liebedler Gruß.
Ihr minniglicher Redemund, der macht,
        daß man ihn küssen muß.

‚Ich sag Euch, wer uns wohlbehaget:
Wer Übel wohl zu scheiden weiß von Gut
Und stets von uns das Beste saget,
Dem sind wir hold, wenn er's von Herzen thut.
Und weiß er, wie man fröhlich ist
Und im Gefühle doch edlen Maßes nicht vergißt,
Dem wird von uns, was er begehrt.
Welch Weib versagt ihm einen Faden?
        Ein guter Mann ist guter Seide wert.'

Das köstliche Kleid.

Herrin, Ihr selber sagtet mir:
„Nimmt jemand Euch den frohen Mut,
Ihr aber macht ihn froh dafür,
So schämt er sich und wird Euch gut.“
Zeigt,
Ob Ihr solcher Lehre wahrhaft zugeneigt!
Ich geb Euch Freud, Ihr gebt mir Leid.
Des schämt Euch, ist dies Wort erlaubt.
Steht nicht mit Euch im Widerstreit
Und werdet gut, daß man Euch glaubt.
Ihr
Seid vielgut, doch Güte sei auch gütig mir!

Ihr seid so wonnig und so wert!
Wie schön, wärt Ihr auch lieb dabei!
Seht Ihr so ungern Euch begehrt?
Gedanken sind doch immer frei.
Wahn
Und Begehr, die hab ich beide abgethan.
Doch werben die Gedanken mein, —
Kann ich dafür, wenn sie mein Lied Euch schenken?
Dem wollt Ihr Euer Ohr nicht leihn,
Doch andre sein mit Danke denken.
Bringt
Euch mein Sang zu Hof, auch mir er Ruhm erringt

2

Herrin, Ihr habt ein gut Gewand
Euch angethan: den reinen Leib.
Ein besser Kleid ich nirgends fand;
Ihr seid ein wohlgekleidet Weib.
Sinn
Und Glückseligkeit sind eingesteppt darin.
Getragnes Kleid blieb stets mir fern, —
Dies möcht ich für mein Leben haben.
Der Kaiser würd ihr Spielmann gern
Um diese schönste aller Gaben.
Hier,
Kaiser, spielt! — Nein, Kaiser, spielt vor andrer
Thür! —

Hoffnungswonne.

So in Freude schwang noch nie mir das Gemüte.
Singen heißt mich vollen Herzens Drang.
Heil ihr, die mir das nimmt auf in lauter Güte,
Die mit holdem Gruß weckt meinen Sang!
Sie hat über mich Gewalt.
Ja, sie kann mein Trauern enden
Und mir senden
Freude mannigfalt.

Fügt es Gott, daß mir mein Glück bei ihr gelinget,
Seht, dann bin ich wohl auf immer froh.
Herz und Leib sie mächtig mir zur Freude zwinget;
Nimmer noch bezwang ein Weib mich so.
Nie zuvor erfuhr ich dies,
Daß zu zwingen Minne wüßte
Wie sie lüste,
Eh sie mir es wies.

Süße Minne, da nach Deiner süßen Lehre
Mich ein Weib so ganz bezwungen hat,
Bitte, daß auch Weibes Huld sie mir beschere!
Dann kann meinem Kummer werden Rat.
Ihrer lichten Augen Schein
Hat so herrlich mich empfangen, —
Ganz vergangen
War mein Traurigsein.

2*

Immer freut mich, daß ich diene solchem Weibe.
Wohl zum Lohn einst wird mir süßer Dank.
Mit dem Trost ich oft die Trauer mir vertreibe,
Und mein Herz bleibt nicht an Unmut krank.
Endet sich mein Mißgeschick,
Dann, fürwahr, von Liebe keinem,
Wie mir einem
Ward so hohes Glück.

Minne, Deine Güte kann vollauf glückselig machen,
Und Dein Zorn kann töten Freuden viel. ·
Denn Du lehrest Leid aus hellen Augen lachen,
Wo mit Lust Du treibst Dein Wunderspiel.
Du kannst freudenreichen Mut
So in tausend Irren führen,
Daß Dein Rühren
Wonnig wehe thut.

Heil sei der Stunde!

Heil sei der Stunde, da sie mir erschienen,
Die mir den Leib und die Seele bezwungen!
Alle Gedanken ihr einziglich dienen;
Das ist mit Güte der Guten gelungen.
Daß ich nicht lassen und meiden sie kann,
Hat ihre Schönheit und Güte vollbracht
Und ihr roter Mund, der so wonniglich lacht.

Seele und Sinne, die hab ich gewendet
Auf die Viel-Reine, die Liebe, die Gute.
Werde uns beiden noch lieblich vollendet,
Was zu gewähren sie hold wohl geruhte!
Was ich an Freude auf Erden gewann,
Hat ihre Schönheit und Güte vollbracht
Und ihr roter Mund, der so wonniglich lacht.

Der Minne Recht.

Daß ich Dich so selten grüße,
Liebste, damit thu ich doch ein Unrecht nicht.
Etwas zürnen dünkt mich süße
Unter Freunden, wenn nur Herz zu Herze spricht.
Traurig sein und wieder froh,
Schmollen, innig sich versöhnen, — das ist Minnerecht;
       die Herzeliebe will es so.

Ich bin so von Herzen froh.

Ich bin so von Herzen froh,
Daß ich nicht weiß, was alles ich beginne.
Hei, vielleicht noch kommt es so,
Daß meiner Herrin Liebe ich gewinne.
Seht, dann steigen mir die Sinne
Wohl sonnenhoch! Sei, Königin, mir gnädig, die ich minne

Ob ich auch wohl tausendmal
Die Schöne sah, doch immer neu erhellte
Meinen Blick der Freude Strahl.
Was sollt ich fragen nach des Winters Kälte?
Mocht er andern mißbehagen,
Mir war derweil, als sei ich mitten in den Maientagen.

Diese Weise wonnevoll
Hab ich gesungen meiner Frau zu Ehren.
Dafür sie mir danken soll.
Mein Lied auf sie soll aller Freude mehren.
Mag sie auch mein Herz versehren —
Was thut es, ob sie Leid mir giebt?   Sie kanns
in Lust verkehren.

Niemand brächte mich dahin,
Daß ich von dieser Hoffnung sollte weichen.
Kehrt ich je von ihr den Sinn,
Wo fänd ich Fraun, die ihr an Schönheit gleichen
Und an Treue sie erreichen?
Diana muß und Helena vor ihrer Schönheit Preis erbleichen.

„Die Freude an der Herrin mein."

Ein neuer Frühling wonniglich,
Ein holder Wahn auf beßre Zeit,
Die trösten um die Wette mich,
Als sei das Glück nun nimmer weit.
Doch höher schwellt mir noch die Brust
Als aller Vöglein Lieder jetzt
Das Eine, das der Edlen Lust,
Soweit man Weibes Schönheit schätzt:
Die Freude an der Herrin mein,
Die läßt mich hoch getröstet sein.
Sie ist nicht nur ein schönes Weib,
Ihr lebt in Anmut Seel und Leib.

Wohl weiß ich, daß die Anmut giebt
Dem Weibe Schönheit wonnevoll;
Doch nur ein Weib, das Tugend übt,
Die ists, die man sich wünschen soll.
Der Schönheit Anmut besser steht,
Als Edelstein dem Golde thut:
Nun sagt, was noch darüber geht,
Gesellt sich beiden Edelmut?
Die drei erhöhn des Mannes Preis.
Wer ihrethalb in Würde weiß
Die süße Mühe schön zu tragen,
Der kann von Herzensliebe sagen.

Der Blick thut wahrlich einem gut,
Den minniglich ein Weib ihm giebt;
Wie meint ihr denn, daß dem zu Mut,
Den sie nicht nur mit Augen liebt?
Der ist an Freude wunderreich,
Wenn jenem bald die Lust zerrinnt.
Was wär auch wohl der Freude gleich,
Die blüht, wo man sich treulich minnt,
In holder Zucht und reinen Sitten?
Wer selig solch ein Glück erstritten
Und singt es auch den Freunden vor
Mit Lob und Preis, der ist kein Thor.

Was soll ein Mann, der nicht begehrt
Und dienet um ein reines Weib?
Und läßt sie auch ihn unerhört,
Es hebt ihn doch an Seel und Leib.
Er lebe Einer willen so,
Daß er den andern wohl behagt;
Zuletzt macht ihn die Andre froh,
Hat ihm die Eine Glück versagt.
Bedenke dies der wackre Mann!
Viel Glück und Ehre liegt daran.
Wer gutes Weibes Minne hat,
Der schämt sich aller Missethat.

Zwiefache Hut.

Was hat die Welt zu geben
   Süßers als ein Weib,
     Um ein sehnsuchtskrankes Herze zu entzücken?
Was giebt ein froher Leben,
   Als ihr Herz und Leib?
     Ich weiß nichts, was irgend höher mag beglücken,
     Als wenn Den ein Weib von Herzen wählet,
     Der sie ehrt mit edlem Leben.
     Da sind Zuversicht und Wonne schon vermählet.
     Nichts, was höher wäre, hat die Welt zu geben.

Zwiefach ist eingeschlossen,
   Die ich im Herzen trage:
     Dort durch Mauern, hier bei Hof durch Vornehmsein.
Hat jenes mich verdrossen
   Nun schon viele Tage,
     Weckt mir heute dieses süßer Sehnsucht Pein.
     Dürft ich hüten diese Schlüssel beide,
     Ihrer Freiheit, ihrer Tugend —
     Solch ein Amt enthöbe mich dem Sehnsuchtsleide.
     Stets von ihrer Schönheit nähm ich neue Jugend.

Wähnst, Hüter, Du zu scheiden
  Von der Süßen mich,
  Der ich treu ergeben bin so lange schon?
Die Liebe zu verleiden
  Mir, entschlage Dich!
  Freudig dien ich, hoffend auf den Minnelohn.
  Magst Du auch ihr Nahesein mir wehren,
  Bleibt mir doch die Zuversicht:
Kannst mein Herz nicht zwingen, sich von ihr zu
      kehren.
Zwingst Du auch die Liebste, — Liebe zwingst Du
      nicht.

Die Augen des Herzens.

Wie der Sommer, so der Winter sind
Gutes Mannes Trost, der Trost begehrt.
Noch in Freuden ein unwissend Kind
Ist, wem Freude nicht ein Weib beschert.
Darum wohl bedenke man,
Hochzustellen alle Frauen, doch die besten obenan!

Schwach ist, wer aus Freude Kraft nicht sog.
Darum Freude sucht ich gern bei ihr,
Über die mein Herz mich nicht betrog,
Gläubig preisend ihre Güte mir.
Ging das Auge Botengang,
Bracht es, hei! dem Herzen Kunde, daß es hoch in
Freude sprang.

Weiß der Himmel, wie sich das verhält:
Lange doch mein Auge sie nicht sah!
Sind des Herzens Augen ihr gesellt,
Daß sie ungesehn steht vor mir da?
Herz, was ist an Dir geschehn?
Wer gab Macht Dir, daß Du immer ohne Augen sie
kannst sehn?

Wollt Ihr wissen, was die Augen sei'n,
Die sie sehn weit hin durch Meer und Land?
Die Gedanken sinds im Herzen mein,
Die da sehn durch Mauer und durch Wand.

Wie man auch sie streng behüte,
Sehn sie doch mit vollen Augen Herz und Willen
 und Gemüte.

Werd ich je ein so beglückter Mann,
Daß sie ohne Augen sieht auch mich?
Sieht sie auch mich mit Gedanken an,
Lohnt sie mir die meinen wonniglich.
Meine Liebe geltend mir,
Sende sie mir nun die ihre! Meine wohnet stets bei ihr.

Verkehr in die Ferne.

Die Traute ist zuweilen hier.
Ich wähne, daß sie wohl so nah mir steht:
Denn ich schied niemals noch von ihr.
Wenn wirklich, was sich liebt, sich suchen geht,
So ist sie viel auf Reisen
In Gedanken, so wie ich es bin.
Mein Leib ist hier, doch bei ihr wohnt mein Sinn:
Der läßt sich Landes nicht verweisen.
So wollt ich, daß er zärtlich ihrer hüte,
Doch auch darob nicht mein vergäße. — Was hilfts,
    daß ich die Augen schließe? Sie sehn
    sie doch durch mein Gemüte.

Trage mit!

Bin ich Dir zuwider?
Ach, ich weiß es nicht. Ich liebe Dich.
Eines drückt mich nieder:
Deine Blicke schweifen über mich.
Solchem Brauch entsage!
Meinst Du, ich ertrage
Diese Liebe ohne Pein und Schaden?
Trage mit! Ich bin zu schwer beladen.

Dient es Deinem Schutze
Vor den Spähern, daß Dein Blick mich flieht?
Thust Du mirs zu Nutze,
Will ich tadeln nicht, was mir geschieht.
Magst mein Antlitz meiden;
Will es gern erleiden.
Blicke nur auf meinen Fuß!
Darfst Du anders nicht, sei das Dein Gruß.

Mag ich alle schauen,
Die mit Recht mir könnten wohlbehagen —
Krone aller Frauen
Bist doch Du, das darf ich kühnlich sagen.
Reich und vornehm schienen
Manche mir von ihnen,
Dazu stolzen Sinns. Von besserm Blut
Mögen diese sein, doch Du bist gut.

Herrin, so besinne
Dich, ob ich ein wenig lieb Dir sei!
Einem taugt die Minne
Nimmer, wenn das andre nicht dabei.
Was ist Liebe einsam?
Sie soll sein gemeinsam,
So gemeinsam, daß in eins
Sie zwei Herzen flicht, — und weiter keins.

———

Ihrer minniglichen Augen Strahlen.

Ihrer minniglichen Augen Strahlen
Treffen hier mein Herz, wenn ich sie schaue.
Ach, dürst ich sie sehn zu tausend malen,
Der ich ganz zu eigen mich vertraue!
Leibeseigen dien ich ihr;
Ja, das soll sie wirklich glauben mir.

Wohl ein Kummer hier das Herz mir schwellet,
Ach, um sie, die ich nicht lassen mag,
Der ich heimlich wäre gern gesellet
Wie die Nacht so auch den lichten Tag.
Doch das soll nun nimmer sein.
Das versagt die liebe Herrin mein.

Muß ich so für meine Treue büßen,
So soll Niemand mehr vertrauen ihr.
Lieber, als mit Lobe sich begrüßen,
Ließe sie sich schelten, glaubt es mir.
Wehe, warum thut sie das,
Die mein Herz erfüllt, und nicht mit Haß?

Der Redefreund.

(Ein Zwiegespräch.)

Herrin, laßt Euch nicht verdrießen
Meine Rede, die in Zucht Euch preist.
Laßt der Ehre mich genießen,
Daß Ihr mich der Besten einen heißt.
Wisset, Herrin, Ihr seid schön.
Wenn Ihr, wie mir wahrlich scheinet,
Mit der Schönheit Güte einet,
Mögt Ihr herrlich wohl vor allen stehn.

‚Wohl, es sei Euch denn vergönnet!
Sprecht und redet, was Ihr immer wollt.
Solche Gunst Ihr nicht gewönnet,
Wenn Ihr nicht so süß mir Lob gezollt.
Ich weiß nicht, ob schön ich bin;
Gern besäß ich Weibes Güte.
Wüßt ich, wie mir die erblühte!
Schöner Leib verlangt auch edlen Sinn.‘

Herrin, gern will ich Euch lehren,
Wie Ihr recht zu Lobe leben sollt.
Gute Leute sollt Ihr ehren.
Blickt sie freundlich an und grüßt sie hold!
Einem sollt Ihr Euren Leib
Eigen geben; nehmt den seinen!
Herrin, wolltet Ihr den meinen,
Glaubt, ich gäb ihn gern um solch ein Weib.

‚Was an Blicken und an Grüßen
Gute Leute mich versäumen sahn,
Gerne will ich dafür büßen.
Ihr habt ritterlich an mir gethan.
Also thut auch ferner nun,
Seid mein Redefreund nur immer!
Ei, ich nehme keinem nimmer
Seinen Leib; es könnt ihm wehe thun.‘

Herrin, laßt es nur mich wagen!
Oft schon kam ich frei aus arger Not.
Glaubt, Ihr werdets wohl ertragen;
Sterb ich dran, es ist ein sanfter Tod.
‚Herr, ich will noch länger leben.
Gebt Ihr nichts auf Eure Glieder —
Mir ist mein Leib nicht zuwider.
Warum sollt ich ihn um Euren geben?‘

Maienlust.

Wollt ihr sehn des jungen Maien
Helle Lust und Pracht?
Seht die Pfäfflein, seht die Laien,
Wie das springt und lacht!
Er hat Allgewalt.
Kann er zaubern? Wo in Wonne
Er erscheint mit Sang und Sonne
Da ist Niemand alt.

Hei, es soll uns wohl gelingen!
Laßt uns lustig sein,
Tanzen, lachen, springen, singen!
Aber sittig=sein!
Thor, wer jetzt nicht froh!
Nun die Vögel jubelnd wieder
Schmettern ihre besten Lieder,
Thun wir ebenso!

Heil dir, Mai, wie schön du scheidest
Streit und Lust bescheerst!
Wie du schön die Bäume kleidest!
Und die Heide erst!
Die hat buntern Schein.
,Ich bin länger!‘ — ,He, Du Kleine!‘
Also streiten auf dem Raine
Gras und Blümelein. —

Roter Mund, du kommst von Ehren;
Laß dein Lachen sein!
Schäm dich, so mich zu versehren,
Spottend meiner Pein!
Ist das wohlgethan?
Ach, das ist verlorne Stunde,
Soll ich von so süßem Munde
Bitternis empfahn.

Kann ich nicht in Wonne schweben,
Das ist Eure Schuld,
Herrin, mir kann Freude geben
Einzig Eure Huld.
Seid doch frohgemut!
Ihr könnt Gnaden lassen regnen, —
Wollt Ihr unmild mir begegnen,
So seid Ihr nicht gut.

Helft mir, Frau, von Kümmernissen,
Macht mir süß den Mai!
Alle Lust sonst muß ich missen.
Liebste Herrin, ei,
Wollt nur um Euch sehn!
Alles freut sich im Vereine.
Laßt auch Ihr nur eine kleine
Freude mir geschehn!

Die herrliche Frau.

Ich weiß ein herrlich Weib, fürwahr.
Daß mir doch würde ihre Gunst!
Ihr Reiz und Anmut wunderbar
Tönt laut in meines Sanges Kunst.
Gern weih ich allen Dienst und Preis,
Doch diese ich mir auserkor.
Ein Andrer wohl die Seine weiß;
Er trage frei ihr Lob uns vor,
Und seis mit meinem Wort
Und meiner Weise! Lob ich hier, er lobe dort!

Ihr Haupt, das ist so wonnereich,
Als wollt es recht mein Himmel sein.
Nichts anders weiß ich, dem es gleich;
Es hat ja himmelshellen Schein.
Da leuchten draus zwei Sterne schön, —
Ach! wollten sie so nah sich neigen,
Daß ich darin mich könnte sehn,
Dann sollte sich ein Wunder zeigen;
Ich würde wieder jung
Und spürte Liebesleides volle Linderung.

Gott schuf die Wänglein ihr mit Fleiß.
Mit teurer Farbe strich er sie:
So reines Rot, so reines Weiß,
Dort lilienhell und rosig hie!

Darf ich es ohne Sünde sagen,
Daß lieber sie mein Auge sieht,
Als Himmel oder Himmelswagen?
Ich Thor mit solchem Ruhmeslied!
Wenn ich zu hoch sie hob,
Wird leicht zu meines Herzens Pein des Mundes Lob.

Sie hat ein Kissen, das ist rot.
Gewönn ich das für meinen Mund,
So stünd ich auf aus dieser Not
Und wär auf immerdar gesund.
Wem sie das an die Wange führt,
Der schmiegt sich gerne nahe bei;
Es duftet, wenn mans nur berührt,
Als ob es lauter Balsam sei.
Das soll sie leihen mir!
So oft als sie es wieder will, ich geb es ihr.

Ihr Hals, der Händ' und Füße Paar
Sind über Wünschen wunderschön.
Ob Schönes noch dazwischen war?
Mich dünkt, ich habe mehr gesehn,
Ich hätt nicht gerne ‚decke Dich!'
Gerufen, als ich nackt sie sah.
Sie sah mich nicht, doch traf sie mich;
Noch sticht's, wie als der Stich geschah.
Lob sei der reinen Statt,
Da die Vielminnigliche aus dem Bade trat!

Die holde Zauberin.

Mich nimmt Wunder, was von Reiz und Zier
Sie an mir gesehn,
Daß sie ihren Zauber widmet mir!
Was ist ihr geschehn?
Augen hat sie, mein ich.
Ist so schwach sie von Gesicht?
Ich bin doch der Männer schönster nicht;
Des sind alle einig.

Hat sie einer über mich belogen,
Ei, so schaue sie!
Will sie Schönheit, — ach, sie ist betrogen,
Sucht sie nichts als die.
Seht doch nur mein Haupt!
Das ist nicht zu wonniglich.
Wohl in argen Wahne wiegt sie sich,
Wenn sie das nicht glaubt.

Tausend Männer sieht sie wohnen hier,
Die viel schöner sind.
Feiner Zucht ein wenig ward auch mir,
Aber Schönheit? — Wind!!
Ist mir Zucht gegeben,
Nun, die haben andre auch;
Alle Zeit nach edler Sitte Brauch
Werden viele leben.

Will sie denn mit Sitte sich bescheiden,
Das ist Edelmut.
Kann sie das, so wird sie lieblich kleiden
Was sie auch mir thut.
Will mich dankend neigen,
Alles ihr zu Wunsche thun.
Was bedarf sie Zauberkünste nun?
Ich bin doch ihr eigen.

Laßt Euch sagen, was der Zauber sei,
Daran sie so reich:
Sie ist schön und tugendsam dabei,
Froh und stets sich gleich.
Ob sie sonst gesponnen
Netze sein, ich glaub es nicht,
Nur ihr Liebreiz, ihrer Anmut Zauberlicht
Schafft mir Pein und Wonnen.

Minne ist zweier Herzen Wonne.

Sagt mir einer, was ist Minne?
Etwas davon weiß ich, wüßte gerne mehr.
Wer nun dessen recht ward inne,
Der erkläre mir, warum sie schmerzt so sehr.
Minne heißt sie, wenn sie labt;
Thut sie weh, so darf man nicht sie Minne nennen.
    Weiß nicht welchen Namen dann ihr für sie habt.

Bracht ich richtig an die Sonne,
Was die Minne sei, wohlan, so saget: Ja!
Sie ist zweier Herzen Wonne;
Wenn sie redlich teilen, ist die Minne da.
Doch soll keine Teilung sein,
So vermag ein Herz allein sie nicht zu tragen. Ach
    daß Du mir wolltest helfen, Herrin mein!

Frau, ich kanns allein nicht tragen.
Wolltest Du mir helfen, hilf so lang es Zeit!
Doch willst Du nach mir nichts fragen,
Sag es offen, daß ich weiche diesem Streit,
Um zu sein ein freier Mann!
Doch das eine sollst Du wissen, daß kein andrer wahrlich
    besser je denn ich dich preisen kann.

Gilt sie Honig mir mit Gallen?
Wähnt sie, daß ich Liebe gäbe gegen Leid?
Soll ihr Lob ich lassen schallen,
Daß sie gar mit Lachen meinen Sang entweiht?
Dann betrog mich all mein Spähen.
Ach, was red ich, ohrberaubter Augenloser? Wen die
   Minne blendet, wie kann der wohl sehen?

Vor der Minne Richterstuhl.

— —

Laut von ihr mein Sang und Sprechen
Scholl, daß nun ihr Lob die Welt durchwandelt.
Gilt sie das mir als Verbrechen,
Ach, so hab ich als ein Thor gehandelt,
Daß ich preisend von ihr sprach
Und mit Lob gekrönet,
Die dafür mich höhnet.
Das, Frau Minne, zählt auch Euch zur Schmach.

Euch, Frau Minne, klag ich weiter.
Schafft mir Recht und richtet über mich!
Eurer Ehre stets ein Streiter
Gegen Wankelmütige war ich.
In dem Kampfe ward ich wund;
Mich traf Euer Pfeil,
Sie geht frei und heil;
Ich bin siech, und sie geht frisch=gesund.

Laßt denn Lohnes mich genießen,
Herrin! Mehr ja habt der Pfeile Ihr.
Könnt Ihr sie ins Herz nicht schießen,
Daß ihr werde auch so weh wie mir?
Könnt Ihr Eurer Wunden Pein,
Herrin, nicht vertheilen
Oder meine heilen?
Soll ich denn allein verloren sein?

Ich bin Euer doch, Frau Minne.
Schießt dahin, wo man Euch widersteht!
Helfet, daß ich sie gewinne!
Nein so sorgt doch, daß sie nicht entgeht!
Laßt mich Euch das Ende sagen:
Schlüpft sie fort uns beiden,
Muß ich von Euch scheiden.
Wer mag ferner dann vor Euch noch klagen?

————

Warnung.

Lang zu schweigen hatt ich wohl gedacht;
Nun muß ich singen wie vorher.
    Freunde haben mich dazu gebracht;
Die brächten mich zu manchem mehr.
    Ich soll singen und soll sagen
Und was sie heischen soll ich thun: So sollten sie mir
        helfen klagen.

    Hört und staunet was mir ist geschehn
Für all mein Singen ihr zu Lob:
    Sie ist nicht gewillt mich anzusehn,
Sie, die mein Sang zu Ruhm erst hob,
    Daß sie nun so stolz gesinnt!
Sie weiß ja nicht, daß, wenn ich nicht mehr singe,
        all ihr Ruhm zerrinnt.

    Himmel, wie man sie verwünschen wird,
Wenn ich nun lasse meinen Sang!
    All das Lob, das heute sie umschwirrt,
Wird Scheltwort dann und Zornes Klang.
    Tausend Herzen würden froh,
Wär sie mir hold, und müssen leiden, wenn ich von
        ihr scheide so.

Früher da mir schien, sie sei mir gut,
Wer diente besser ihr denn ich?
    Laßt sie nur! Was immer sie mir thut,
Das kann sie glauben sicherlich:
    Löst sie mich aus dieser Not,
So macht mein Leben ihres wert; heißt sie mich sterben,
            ist sie tot.

Soll in ihrem Dienst ich werden alt,
Sie wird just auch nicht jung derweil.
    Sieht sie mich ergrauen, wird sie bald
Bei einem Jungen suchen Heil.
    Helfe Gott Euch, junger Mann,
Dann rächet mich, und geht ihr altes Fell mit jungen
            Ruten an!

Das Tröstelein.

Verzagt an meinem Liebesglück
Saß ich in Sinnen und gedachte
Sie schon zu lassen, als zurück
Zu ihr ein Trost mich wieder brachte.
Trost ist der rechte Name nicht, weh mir darum!
Es ist ja kaum ein kleines Tröstelein.
Das ist so klein, wenn Ihr es hört, Ihr spottet
　　　mein.
Doch freut sich Niemand, ohne daß er weiß warum.

Mich hat ein Halm gemachet froh.
Der sagt, mir werde Gnade lachen.
Die Knötchen zählt ich an dem Stroh,
Wie ich es sah die Kindlein machen.
So höret denn und merket, ob sie mich erhört:
„Sie thuts, thuts nicht, sie thut, thut nicht, sie thut!"
Wie oft ich frug, war immer doch das Ende gut.
Das tröstet mich. Doch Glauben auch dazu gehört.

Lob des Sommers.

Wie schön der Heide steht ihr mannigfarbig Kleid,
Dem Walde doch das Lob gebühret,
Daß er noch reicher prangt in Wunderherrlichkeit.
Noch stolzer ist das Feld gezieret.
Dem Sommer Heil für solches Werk so wonnesam!
Sommer, soll ich ferner preisen Deine Tage,
So sei Du Tröster meiner Klage!
Vernimm, was mich bekümmert: sie, der ich hold,
    die ist mir gram.

Der Guten doch ich nie vergessen kann und mag,
Die Herz und Sinne mir entführet.
So lang ich singe, will ich finden jeden Tag
Ein neues Lob, das ihr gebühret.
Sie warte nur! Für jetzt dies Lob genüge ihr:
Sie erblicken, recht den Augen wohl behagt,
Und was man Preises von ihr sagt,
Das ist der Ohren Labe. Heil ihr darum,
    doch wehe mir!

4

Unlust der Zeit.

Von Herzen gerne wär ich froh,
Doch will es niemand mit mir sein.
Nun, da sie alle trauern so,
Wie könnt ichs lassen ganz allein?
Muß ihretwillen Freude meiden,
Sonst müßt ich Fingerweisen leiden.
So kann ich nur mit List und Kunst
Mir wahren ihre Freundesgunst:
Ich hebe nie zu lachen an,
Als wo mich keiner sehen kann.

Es thut mir recht von Herzen leid,
Bedenk ich, wie in aller Welt
So froh man war in frührer Zeit.
O weh, daß es mir nie entfällt,
Wie lebensfreudig da die Leute!
Da zeigte Freude, wer sich freute,
Und selig schlug der Sommerlust
Entgegen die geschwellte Brust.
Soll das nun nimmermehr geschehn,
So grimmt es mich, daß ichs gesehn.

Wird denn niemand wieder froh?

Wird denn niemand wieder froh,
Daß wir endlich einmal ohne Trauer leben?
Warum thut die Jugend so,
Die vor Freude sollte in den Lüften schweben?
Wem ich das verweise, wohl mit Recht?
Von den Reichen und den Jungen red ich.
Ihr geht sorgenledig!
Drum stünd Euch Freude schön, und Trauer steht Euch
schlecht.

Ei, was stellt Frau Sälde an,
Daß sie mir Bedrängnis giebt — und hohen Mut,
Aber einem reichen Mann
Unmut! Ach, was soll denn diesem nun sein Gut?
O Frau Sälde, wie vergaß sie mein,
Daß sein Gut zu meinem frohen Mute
Mir nicht gab die Gute?
Ihm stünde besser meine Not in seiner Pein.

Schlimme Zeit.

Was soll lieblich Sprechen? was soll Singen?
Was soll Weibes Schönheit? was soll Gut?
Seit man niemand sieht nach Freuden ringen,
Seit man ohne Zagen übel thut,
Seit man Treue, Milde, Zucht und Ehren
Pflege läßt entbehren,
Fehlt zur Freude manchem Kraft und Mut.

Böse Tage.

Wer sah je ein besser Jahr?
Wer sah je ein schöner Weib?
Ach, das tröstet Den kein Haar,
Der glücklos seit Mutterleib.
Wißt, wem Der entgegen wandelt
        in der Morgenhelle,
Dem wird Mißgeschick Geselle.

Ich will Einer helfen klagen,
Der auch Freude stünde wohl,
Daß in diesen bösen Tagen
Schönheit nichts mehr gelten soll.
Früher hätt ein ganzes Land gejauchzt
        um solch ein herrlich Weib!
Was soll Der jetzt ihr schöner Leib?

Trost.

Wer da trägt verborgne Plage,
Der gedenke guter Frau'n! Er wird gelabt.
Und gedenke lichter Tage!
Das hat stets mit reichstem Troste mich begabt.
Bange wird mir, wenn der Winter droht.
Doch dann schäm ich mich, wie sich die Heide
Schämt ob ihrem Leide:
Sieht sie den Wald ergrünen, wird sie immer rot.

Thu auf!

Ich hilfefreudeloser Mann,
Warum nur mach ich manchen froh,
Von dem ich nie noch Dank gewann?
Ach warum sind die Freunde so?
Ja, was ich da von Freunden sage!
Hätt ich nur einen, der vernähm auch meine Klage.
Ich hab nicht Freund, ich hab nicht Rat.
So thu Du was Du willst mit mir, liebgute Minne,
    da niemand mir erbarmend naht.

Liebsüße Minne Du, durch Dich
Verlor ich die Gedanken mein.
Nun willst Du gehn gewaltiglich
In meinem Herzen aus und ein.
Wie könnt ich ohne Gedanken leben?
Dort, wo die sollten wohnen, ja, da thronst Du eben.
Du schickst sie aus, Du weißt wohin;
Doch sie allein vermögen dort nicht viel, Frau Minne.
    Du selbst, Du müßtest mit dahin.

Frau Minne, so erbarm Dich mein!
Willst Du für mich nun Botschaft gehn,
Will ich Dir ganz zu Willen sein.
So laß Dich nun gefällig sehn!
Ihr Herz ist rechter Freuden Hort,
Reinheit und Lauterkeit in Wonne wohnen dort.
Dringst Du zu fester Statt dort ein,
So thu mir auf, daß wir zusammen mit ihr sprechen!
    Sie hörte nicht auf mich allein.

Liebgute Minne, laß mich ruhn!
Warum nur thust Du mir so weh?
Mich drängst Du, — dränge sie auch nun!
Versuche, wer Dir widersteh!
Laß sehn, was Du vollbringen kannst.
Sag nicht, daß in ihr Herze Du nicht bringen kannst!
So kunstreich Schloß Du nirgend weißt,
Daß es Dir widerstünde, Meisterin der Diebe.
              Thu auf! Sie trotzt Dir gar zu dreist.

Der Minne Gewalt.

Wer gab Dir, Minne, die Gewalt,
Daß Du schier allgewaltig bist?
Du zwingest alles, jung und alt,
Dagegen giebt es keine List.
Da mir bestimmt Dein ehern Band,
So will ich Gott doch danken, daß ich Die erkannt,
Der man mit Ehren Dienste weiht.
Von dannen komm ich nimmer. Königin, sei gnädig!
    Laß Dir mich leben alle Zeit.

Wunschseligkeit.

—

Auf ihre Gnade hoffend, will ich fröhlich sein,
So froh, als ich in meinem Liebesweh vermag.
Ich weiß nicht, haben alle Leute solche Pein?
Mir folgt auf jeden guten ein so böser Tag,
Daß mir die Kraft zur Freude fehlt.
Dann tröstet mich das Deuten, hei! das mich als Kind
        schon lustbeseelt.
Was thuts, ob man darum mein lacht?
Fürwahr, das Wünschen und das Wähnen, das hat
        schon oft mich froh gemacht.

Ich wünsche mir, ich möchte noch mich an sie schmiegen
So dicht, daß ich mein Bild in ihren Augen sehe,
Und möchte dann so ganz und völlig sie besiegen,
Daß sie mir alles, was ich bitte, zugestehe.
Dann sag ich ihr: „So willst Du nun,
Du süßes, wonnesames Weib, mir jemals wieder wehe
        thun?"
Dann lacht sie mich so minnig an. —
Wie nun, wenn ich mir solches denke, bin ich nicht
        reich durch Wunsch und Wahn?

Süße Worte.

Die verzagt an allen guten Dingen,
Wähnen, daß auch ich wie sie verzagt.
Doch ich weiß, mir wird noch Freude bringen
Eine, der ich meine Not geklagt.
Wenn von ihr mir Liebes wird,
Keines Neiders Rede mich beirrt.

Will ja gern der Neider Haß erleiden,
Herrin, wenn Du nur mir helfen magst,
Daß sie auch mit Grunde mich beneiden,
So Du süße Gunst mir nicht versagst.
Sorgst Du, daß ich fröhlich bin,
Wird mir wohl und jenen weh zu Sinn.

‚Liebste mein‘ und ‚Herrin‘, beides sähe
In Dir Einer ich so gern vereint.
Ob mir, ach, davon so wohl geschähe,
Wie mein Herz es lang voraus gemeint?
Liebste ist ein süßes Wort,
Aber Herrin bleibt das höchste fort und fort.

Herrin, hellauf soll mein Lied erschallen,
Gönnst auch Du zwei süße Worte mir,
Wie Du zwei Dir läßt von mir gefallen;
Beßre kann kein Kaiser geben Dir.
Herrin, Liebste nenn ich Dich,
Freund und Liebsten heiße mich!

Das höchste Lob.

Wohl sollte, wer ein solches Weib, wie ich, begehrt,
Der Tugend ganze Fülle haben.
Ich habe leider nichts, das ihr genug gewährt.
Was sollen ihr so arme Gaben?
Zwei Tugenden besitz ich, die man einst gewahrt:
So Scham wie Treue.
Die schaden jetzt. Nur hin! Mir ward nicht offenbart
Das arge Neue,
Ich liebe nach der alten Art.

Ich wähnte sie fürwahr von allen Fehlern frei.
Nun sagen sie mir andre Märe:
Wie, da kein Erdenwesen ohne Fehler sei,
Die Edle auch nicht also wäre.
Doch ich kann nichts entdecken, das ihr übel steh,
Als nur dies kleine:
Sie quält die Feinde nicht und thut den Freunden weh.
Läßt sie dies Eine,
Nichts übles mehr an ihr ich seh.

Ich hab Euch ganz verraten, was sie übel schmückt,
Zwei Fehler wußt ich Euch zu nennen.
Nun höret auch, mit was für Tugend sie beglückt!
Auch deren sollt Ihr zwei erkennen.
Ich nennt Euch gerne tausend, doch ich weiß nur die:
Schönheit und Ehre.
Besitzt sie beide? Ja, die hat in Fülle sie.
Will sie noch mehre? —
So hoch gelobt ward keine nie.

Abschied.

Meine Herrin ist ein grausam Weib,
Daß sie gar so übel an mir thut,
Der ich doch mit jugendfrischem Leib
Trat in ihren Dienst und hohem Mut.
Damals war mir, ach, so wohl!
Das ist all zerronnen.
Was hab ich gewonnen?
Kummer nur, den ich verbergen soll.

Wehe! Meiner frohen Jugendtage,
Wie ich deren viel durch sie versäumt!
Das bleibt immer meines Herzens Klage,
Wenn die Lust mir so in nichts zerschäumt.
Muß ich gehn durch Not und Streit,
Darum ich nicht weine;
Meine Zeit alleine
Wenn ich die verlor, das schafft mir Leid.

Züge sah ich nie so rein gezogen;
In ihr Herz ließ sie mich nimmer sehn.
Also ward mein Hoffen gar betrogen.
Das ist für die Treue mir geschehn.
Hätt ich Mond und Sternenkranz
Und der Sonne Prangen
Können niederlangen, —
Ihr, bei Gott, gehörte all der Glanz!

Niemals sah ich solchen Brauch und Weise:
Ihren besten Freunden ist sie gram,
Doch mit Feinden spricht sie gerne leise.
Solches nie ein gutes Ende nahm.
Wie es endet, weiß ich schon:
Feind und Freund gemeinsam
Lassen bald sie einsam,
Giebt sie jedem nicht den rechten Lohn.

Herrin mein, es darf Euch nicht verzehren,
Daß ich reite weit in fremdes Land,
Fragend nach den Frauen, die in Ehren
Leben, — viele sind mir schon bekannt —
Und die auch zugleich sind schön.
Ihrer ist doch keine,
Große nicht noch kleine,
Deren Nein mir kann zu Herzen gehn.

———

Botschaft.

—

Auf und heißet mich willkommen!
Der Euch Botschaft bringet, das bin ich.
Was ihr auch bisher vernommen,
Das ist eitel Wind. Nun höret mich!
Aber Lohn begehren
Will ich. Lohnt Ihr gut,
Sollt Ihr hören, was Euch wonnig hebt den Mut.
Seht, wie man mich möge ehren!

So von deutschen Frauen schallen
Soll mein Sang, daß sie noch besser nun
Werden aller Welt gefallen.
Ohne großen Lohn will ich das thun.
Heischt ich minnesüßen
Lohn? Sie sind zu hehr!
Artig bin ich denn und habe kein Begehr,
Als daß sie mich lieblich grüßen.

Lande viel hab ich gesehen,
Auf die besten Menschen hatt ich acht.
Übel möge mir geschehen,
Wenn ich je mein Herz dahin gebracht,
Daß ihm wohlgefalle
Fremde Art und Sitte.
Dürft ich anders sprechen, denn die Wahrheit litte?
Deutsche Art geht über alle.

Von der Elbe bis zum Rhein
Und hinwieder bis zum Ungarland,
Mögen wohl die Besten sein,
Die ich irgend auf der Erde fand.
Kann ich recht erkennen
Edler Anmut Zier,
Dann, beim Himmel, muß ich unsre Frauen hier
Besser als die andern nennen.

Deutscher Mann ist wohlerzogen,
Unsre Frauen sind wie Engel schön.
Wer sie schilt, ist wahnbetrogen,
Anders könnt ich solches nicht verstehn.
Zucht und reine Minne,
Wer die suchen will,
Komm in unser Land! Da ist der Wonne viel.
Lebt ich lange doch darinne!

Weh den Prahlern!

Ich bin froh! Durch wen, verschweig ich Euch;
So läßt man mir die Freude mein.
Heimlich ist mein Herz an Wonne reich.
Was sollt ich auch ein Prahler sein?
Weh den Prahlern, die so manche Schöne, traun,
Ins Gerede schon gebracht!
Wohl mir, daß ich das bedacht!
Die sollt Ihr meiden, gute Fraun.

Hei, von guter Leute Tüchtigkeit
Gern will ich hören und auch sagen.
Wer mein anders denkt, der schafft mir Leid;
Bei Gott, das will ich nicht ertragen.
Prahler ihr und Lügner, klein und groß,
Euch verbiete ich mein Lied!
Wider Willen es geschieht,
Ergötz ich Euch auch soviel bloß.

Glückes Angunst.

Frau Sälde spendet rings umher,
Und wendet mir den Rücken zu.
An mich gedenkt sie gar nicht mehr;
Weiß nicht, was ich dagegen thu.
Ihr Antlitz niemals zeigt sie mir,
Spring ich ihr vor, ich bin doch immer hinter ihr.
Mich anzusehn geruht sie nicht.
Daß doch die Augen ihr im Nacken stünden! Gegen
       der Harten Willen säh ich ihr Gesicht.

Unverzagt.

Die Dunkelseher sagen, alles sei nun tot,
Und niemand lebe mehr, der singet.
Sie sollten doch bedenken Deutschlands große Not,
Wie alle Welt mit Sorgen ringet.
Kommt Sanges Zeit, gleich wird man singen auch und
       sagen.
Noch quellen Lieder!
Ich hört ein kleines Vögelein dasselbe klagen:
(Das duckt sich nieder)
„Ich singe nicht, es muß erst tagen."

Die Bösen schelten meinen Sang bei guten Fraun,
Als brächt ich sie in üble Rede.
So kommt nur alle wider mich! Ich dank Euchs, traun!
Ein Feigling nur weicht guter Fehde.
Wer sprach von deutschen Frauen besser je, denn ich?
Doch ja, ich scheide
Die guten von den bösen; darum haßt man mich.
Lobt ich sie beide
Mit gleichem Maß, wie ziemt es sich?

5*

Um einetwillen bin ich hold Euch, Haß und Neid:
Daß, wenn man Euch auf Botschaft sendet,
Ihr immer gern den Tüchtigen gesellet seid
Und Euren Herrn und Sender schändet.
Ihr Späher, stellt Ihr jedem den Verleumdung Strick,
Der Ehre suchet,
So hebt Euch heim! Ihr dankt Euch selbst das Miß=
geschick,
Daß alles fluchet
Verlognem Mund und scheelem Blick.

Vermächtnis.

—

Mein fahrend Gut und Eigentum
Verschreib ich nun, bevor ich zieh.
So streitet niemand sich darum,
Als die es sollen erben hie.
    Die in Haß und Neide gern ihr Wesen treiben,
    Ihnen will ich all mein Mißgeschick verschreiben
    Und mein Unglück obendrein.
    Mein Kummer alle,
    Ihr Lügner, Euch zufalle!
    Meine Thorheit erben,
    Die ungetreu um Minne werben! —
    Die Fraun der Liebessehnsucht süße Pein.

———

Frühlingssehnsucht.

Winter, Du brachtest uns Not nur und Qual.
Heide und Wald, wo mit lieblichem Hall
Sangen die Vögel, sind grau nun und fahl.
Säh ich die Mägdlein am Wege den Ball
Werfen! Dann nahte der Vögelein Schall.

Könnt ich verschlafen die Tage so kalt!
Wach ich den Winter, so härm ich mich halt,
Daß er uns knechtet mit weiter Gewalt.
Gott weiß, er weichet dem Maie doch bald!
Blumen dann pflück ich, wo weiß nun der Wald.

Frühlingswehmut.
(Nach schwerer Krankheit gesungen.)

Der Reif, der that den kleinen Vöglein weh,
Daß sie nicht mehr sangen.
Nun hör ich wieder wonnig sie wie eh.
Neu die Heiden prangen.
Da sah ich Blumen streiten mit dem Klee,
Wer da länger wäre.
Meiner Herrin sagt ich diese Märe.

Uns hat der Winter kalt und andre Not
Viel gethan zu Leide.
Mir war als sollt ich nie mehr Blumen rot
Sehn auf grüner Heide.
Viel Wackre müßten klagen, wär ich tot,
Die nach Lust verlangen,
Gern zum Tanze meine Lieder sangen.

Wenn diesen Wonnetag ich nicht geschaut,
Wäre mir geschehen,
Daß nie mir wieder schallt der Freude Laut;
Ach, und müßte gehen
Von allen Freuden auch, die einst mir traut.
Gott Euch alle segne!
Wünschet, daß mir noch ein Heil begegne!

Vokalspiel.
(Winternot.)

Die Welt trug Farbe mannigfalt,
Gelb, rot und blau in Feld und Wald,
Hell von der Vöglein Sang durchhallt.
Doch jetzt der Krähen Krächzen schallt.
Hat sich die Welt verfärbt so bald?
Ja, sie ward bleich und grau und kalt.
Drum tieft sich mancher Stirne Falt.

Auf grünem Hügel saß ich eh;
Da sproßten Blumen auf und Klee
Zwischen mir und einem See.
Ach, solcher Lust ich nichts mehr seh!
Wo wir Kränze brachen, — je!
Da liegt nun Reif und kalter Schnee.
Das thut den kleinen Vöglein weh.

Die Thoren rufen: „Schnee, so schnei!"
„Weh! weh!" ertönt der Armen Schrei.
Das macht mich schwer als wie ein Blei.
Der Wintersorgen hab ich drei:
Was da sind die ersten zwei,
Von denen würd ich hurtig frei,
Käm uns der Sommer bald herbei.

Eh daß ich länger lebte so,
Den Krebs wohl äß ich lieber roh.
Sommer, mach uns wieder froh!
Du ziertest Wald und Anger, wo
Ich mit Blumen spielte. O,
Mein Herz, hochauf zur Sonne floh!
Das jagt der Winter in das Stroh.

Bin harsch und rauh wie Esaú,
Mein Haar ward wirr von langer Ruh.
Süßer Sommer, wo bist Du?
Wie säh ich gern den Schnittern zu!
Eng in des Winters finstrer Truh
Noch länger ruhn, — nein, eh'r im Nu
Würd ich doch Mönch zu Toberlu.

Traumglück.

Als der Sommer kommen war
Und die Blumen wunderbar
Aus dem Grase drangen,
Da bin ich nachgegangen
Hellem Vogelmunde
Zu einem Wiesengrunde,
Wo ein klarer Bronn entsprang.
Bei der Nachtigall Gesang
Rann er still den Wald entlang.

Bei dem Bronnen stand ein Baum.
Dort besuchte mich ein Traum.
War ich aus der Sonnen
Gegangen zu dem Bronnen,
Daß ich Kühlung finde
Wohl bei der lieben Linde.
Wie ich saß am Wässerlein,
Ganz vergaß ich meiner Pein.
Und so schlief ich hurtig ein.

Da im Nu bedünkte mich,
Alle Lande neigten sich,
Und des Himmels Frieden
Sei mir gewiß beschieden,
Wie die Lust der Erde
Ich auch genießen werde.
Ei, da war mir nicht zu weh!
Gott weiß ob es so gescheh;
Doch wer träumte schöner je?

Ewig hätt ich so gewollt
Schlafen: doch da scholl unhold
Einer Krähe Schreien.
Verwünscht sie alle seien!
Doch besonders diese!
Aus Traumes Paradiese
Hat sie jäh mich aufgeschreckt.
So ich einen Stein entdeckt,
Hätt ich gleich sie hingestreckt.

Aber Tröstung brachte bald
Mir ein Weiblein wunderalt.
Unter hohen Eiden
Sie mußte mir bescheiden
Was der Traum bedeute.
Vernehmt es, gute Leute!
Zwei und eins, das seien drei;
Und sie meinte noch dabei,
Daß mein Daum ein Finger sei.

Sommer und Winter.

Wieder sing ich wie im Mai:
‚Wird denn niemand wieder froh?
Fluch darum der Jugend sei
Und den Reichen ebenso!'
Wüßt ich, was sie quälet (das könnten sie mir
gerne sagen),
Hülf ich ihren Kummer klagen.

Wo von Sorgen gar befreit
Lieb bei Lieb gebettet ruht, —
Ei, mich deucht, die Winterzeit
Dünke diesen beiden gut.
Winter hat wie Sommer an Freuden
solchen Überfluß,
Daß ich beide loben muß.

Hat der Winter kurzen Tag,
Hat er auch die Nacht so lang,
Daß sich wohl erholen mag
Lieb bei Lieb von Angst und Drang.
Doch was red ich? Wehe, ich hätte besser
wohl geschwiegen,
Soll ich je so wonnig liegen.

Tage fließen.

Niemals sah ich Tage fliehen
Wie die meinen.   Staunend schau ich hinterdrein.
Wüßt ich doch, wohin sie ziehen!
Mich nimmt wunder, warum sie so eilig sei'n.
Wer weiß ob sie finden Einen,
Der so wonnig ihrer pflegt wie ich?   Ei, laß sie,
wem sie wollen, scheinen!

Kinderlehren.

Niemand bringt mit Ruten
Böses Kind zum Guten.
Wohl zu guter Zucht vermag
Mehr ein Wort als je ein Schlag.
Mehr ein Wort als je ein Schlag
Wohl zu guter Zucht vermag.
Böses Kind zum Guten
Niemand bringt mit Ruten.

Hütet Eure Zungen,
Das geziemt den Jungen.
Schiebt den Riegel vor die Thür,
Laßt kein böses Wort herfür.
Laßt kein böses Wort herfür,
Schiebt den Riegel vor die Thür.
Das geziemt den Jungen.
Hütet Eure Zungen.

Hütet Euer Augenpaar,
Heimlich so wie offenbar.
Laßt sie guten Brauch erspähn,
Böse Sitten übersehn.
Böse Sitten übersehn
Laßt sie, guten Brauch erspähn.
Heimlich so wie offenbar
Hütet Euer Augenpaar.

Hütet Eure Ohren,
Oder Ihr seid Thoren.
Laßt kein böses Wort herein,
Wollt Ihr reines Herzens sein.
Wollt Ihr reines Herzens sein,
Laßt kein böses Wort herein,
Oder Ihr seid Thoren.
Hütet Eure Ohren.

Hüte diese drei,
Sie sind gar zu frei.
Zungen, Augen, Ohren sind
Bös und für das Gute blind.
Bös und für das Gute blind
Zungen, Augen, Ohren sind.
Sie sind gar zu frei,
Hütet diese drei.

Fruchtlose Erziehung.

Wildwachsen Kind, Du wuchsest krumm,
Es kann Dich niemand richten mehr.
Du bist der Rute leider schon zu groß,
Dem Schwerte noch zu klein.
        Schlafe denn!· Ich lasse Dich.
Ich dünke nun mich herzlich dumm,
Daß ich Dich jemals wog so schwer.
Dein Ungestüm trug ich in Freundes Schoß,
Litt gern genug der Pein.
        Schier zu Schanden plagt ich mich.
So sei denn ohne Meister nun, da ich Dir nicht ge=
        wachsen bin.
Wers besser kann, es soll mich freun, bringt seine
        Zucht Dir mehr Gewinn.
Doch weiß ich, wenn man mehr Gewalt ihm über
        Dich nicht geben mag, — an seiner Kunst
        betrügt er sich.

Dichters Klage.

Edles ritterliches Singen,
Weh, daß bäurisch rohe Töne
Nun bei Hofe dich bezwingen!
Daß sie Gott mit Schande löhne!
Weh, daß so die Kunst darnieder liegt!
Das macht allen ihren Freunden Pein.
Fasset Euch! Es muß nun einmal sein.
Afterkunst, du hast gesiegt

Wer uns Freude wiederbrächte,
Die da recht und edel wäre, —
Hei, wie sein man rühmend dächte,
Wo von ihm erkläng die Märe!
Ja, der hätte ritterlichen Mut.
Will auf ihn zu hoffen nimmer ruhn.
Fraun und Herren ehrte solches Thun.
Wehe, daß es niemand thut!

Die das edle Singen stören,
Deren sind nun gar viel mehre,
Als die es mit Wonne hören.
Darum folg ich alter Lehre:
Sänger, in der Mühle singe nie!
Wo der Stein so rauschend um sich schwingt,
Und das Rad so rauhe Weisen singt,
Ach, wer möchte harfen hie?

Lachen muß ich wohl vor Grimme,
Daß sie selbst sich wohl gefallen,
Die die bäurisch rohe Stimme
So verderblich lassen schallen.
Die thun wie im Sumpf der Frösche Heer,
Denen ihr Geschrei so wohl behagt,
Daß die Nachtigall darob verzagt,
So sie gerne sänge mehr.

Wer die Roheit schweigen hieße
Und sie von den Burgen stieße,
Daß sie dort die Luft nicht zwänge —
Hei wie selig dann man sänge!
Sind die Edelhöfe ihr verschlossen, —
Wohl! Das wäre recht nach meinem Sinn.
Bei den Bauern sei sie immerhin;
Denn da ist sie ja entsprossen.

Bruchstück.

Wer kann jetzt zu Danke singen?
Der ist traurig, dieser froh.
Wer kann das zusammen bringen?
Der ist so und dieser so.
Sie verwirren mich
Und verderben sich.
Sagt mir was Ihr wollt: das singe ich.

Lust und Trauer ich verstehe,
Davon sing ich was ich soll.
Mir ist wohl und mir ist wehe;
Sommerwonne thut mir wohl.
Was mir wehe thut,
Ist der Zweifelmut,
Ob die Traute mir von Herzen gut.

Wohl euch Vögelein, ihr Kleinen!
Euer wonniglicher Sang
Überjubelt gar den meinen.
Alle Welt, die sagt euch Dank.

— — — — — — — — — —
— — — — — — — — — —
— — — — — — — — —

— — — — — —

6*

Erlogene Freude.

Keiner zeigt wohl vor der Welt
So tugendstillen Mut, wie ich.
Wenn mich Liebesweh befällt,
So schein ich froh und tröste mich.
Ja, so hab ich oft mich selbst betrogen
Und manche Lust der Welt zu lieb erlogen.
Doch solche Lüge lobet sich.

Mancher wähnet, der mich sieht,
Mein Herz in Freuden hoch und hehr.
Hohe Freude längst mich mied;
Es giebt nur eine Wiederkehr:
Werden erst die Deutschen wieder gut,
Und tröstet sie mich, die mir wehe thut,
Dann kennt mein Herz kein Trauern mehr.

Herzenswonne — Herzensleid.

Mancher klagt, dem Liebes doch geschieht,
Und ich bin allzeit wohlgemut,
Ich, den Herzenswonne immer mied.
Wer weiß, wozu mir das nicht gut?
Herzenswonne, wo ich noch sie schaute, ach,
Da war Herzensleid dabei.
Wär ich von Gedanken frei,
So wüßt ich nichts von Ungemach.

Wandern schweifend die Gedanken mein
Und redet dann mich einer an, —
Ich bin stumm; er rede nur darein!
Was soll ich anders machen dann?
Wär mein Auge oder Ohr ihm nah,
Faßt ich wohl der Rede Sinn.
Wenn ich fern mit beiden bin,
So weiß ich ihm nicht Nein noch Ja.

Ich bin Einer, dem kein halber Tag
In ganzer Freude je ging aus.
Alle Freuden, deren einst ich pflag,
Sie flohen alle weit hinaus.
Niemand findet Freuden hier, die nicht vergehn
Wie der lichten Blumen Schein.
Darum soll das Herze mein
Nicht mehr nach falschen Freuden stehn.

Abschied von der Welt.

Walther spricht:

Frau Welt, Du sollst dem Wirte sagen,
Daß ich die Rechnung nun beglichen.
Die ganze Schuld ist abgetragen;
So sei mein Name denn gestrichen!
Dem Teufel schulden, das bringt Sorgen.
Eh daß ich lang ihm schuldig bliebe, beim Juden
    ging ich lieber borgen.
Er schweiget bis auf seinen Tag,
Doch dann die Seele pfändet er, wenn man zu
    zahlen nicht vermag.

Frau Welt spricht:

Du zürnest, Walther, ohne Not.
Du solltest bei mir bleiben hier.
Bedenk, was Ehren ich Dir bot
Und wie ich war zu Willen Dir,
So oft Du flehend darum batest.
Es war mir recht von Herzen leid, daß Du das
    nur so selten thatest.
Besinne Dich! Du lebst hier gut;
Sagst Du mir offne Fehde an, nie wieder wirst Du
    frohgemut.

Walther spricht:

Frau Welt, ich hab zu lang gesogen,
Es ist nun zum Entwöhnen Zeit.
Dein Kosen hat mich schier betrogen
Mit seiner linden Süßigkeit.
Als ich ins Antlitz Dir gesehen,
Das war ein Schauen wonnereich, das muß ich wahr=
      lich zugestehen.
Doch als ich Dich im Rücken sah, —
Ich muß Dich schelten fort und fort, Frau Welt, so
      schrecklich warst Du da.

Frau Welt spricht:

Da ich Dich nun nicht halten mag,
Gewähre doch dies Eine mir:
Gedenk an manchen lichten Tag
Und kehre ein zuweilen hier,
Beschleicht Dich draußen Langeweile.

Walther spricht:

Das thät ich herzlich gern, allein mir bangt vor
      Deinem Netz und Seile,
Davor sich Niemand kann bewahren.
Frau Welt, Gott geb Euch gute Nacht! Ich will
      zu meiner Hütte fahren.

————

Der große Sturm.

O weh, es kommt ein Sturm, ihr spüret bald sein
  Sausen.
Von ihm schon lange hören singen wir und sagen,
Wie er mit Grimm durch alle Reiche werde brausen.
Von Wallern und von Pilgern geht ein lautes Klagen:
  Bäume, Türme sind von ihm zerschlagen,
  Starken wehet er die Häupter ab!
So laßt uns fliehen hin zu Gottes Grab.

O weh, wie viel der Ehre wich von deutschen Landen!
Wer Ritters Kunst und Kraft besitzt und dazu Gold,
Und zieht zum Grabe nicht und bleibt daheim mit
  Schanden,
Fürwahr, der hat dahin des Himmelskaisers Sold.
Dem sind die Engel nicht, noch Frauen hold.
  Elend vor den Leuten und vor Gott,
  Ach, wie muß er fürchten Beider Spott!

O weh, wir Müßiggänger, wie wir schlimm gesessen
Hier zwischen Gott und Welt, zu allem stumpf und matt!
Aller Mühsal hatten wir so ganz vergessen,
Als uns der Sommer lud auf seine Freudenstatt.
Da blühten auf — und welkten Blum' und Blatt;
  Uns betrog der kurze Vogelsang.
Wohl Dem, der nur nach stäten Freuden rang!

O weh, daß mit den Grillen nur wir Lieder sangen,
Da wir uns rüsten sollten auf die Winterzeit!
Wir Thoren, ach, daß wir nicht wie die Emse rangen,
Die nun in Ehren rastet, da ihr Schatz bereit!
    Ewig hier auf Erden liegt im Streit
    Thorenklugheit mit der Weisen Rat.
Dort wird man sehn, wer hier gelogen hat.

Elegie.

Weh, alle meine Jahre, wohin sind sie entschwebt?
Hab ich geträumt mein Leben oder es gelebt?
War, was mich wirklich dünkte, nur ein Traumgesicht?
So hab ich gar geschlafen, ach, und weiß es nicht.
Nun bin ich aufgewachet und finde unbekannt,
Was mir bekannt gewesen, als wie die Hand der Hand.
Die Leute und das Land, da ich als Kind erzogen,
Sie sind mir fremd geworden. War alles denn gelogen?
Die mir Gespielen waren, die sind nun träg und alt,
Die Heide ist gepflügt, geschlagen ist der Wald.
Wenn nicht das Wasser rauschte, wie es einst gerauscht,
Fürwahr, mir wäre alles in Unglück umgetauscht.
Es grüßt mich mancher zögernd, der einst mich wohl
                                                gekannt,
Die Welt ist allenthalben in Trübsal umgewandt.
Gedenk ich, ach, an manchen wonniglichen Tag, —
Sie sind mir all zerronnen, als wie ins Meer ein Schlag.
    Wehe immerdar!

Ach, wie gebährdet kläglich sich jetzt das junge Blut!
Die sonst nie traurig waren, nein immer frohgemut,
Die können nichts als sorgen. Weh, warum thun sie so?
Wohin ich auch mich wende, da ist niemand froh.
Tanzen, Lachen, Singen verging in Sorgen gar,
Kein Mensch hat je gesehen solch ein Jammerjahr.
So schaut nur, wie den Frauen sitzt ihr Scheitelband!
Die stolzen Ritter tragen bäuerlich Gewand.
Man hat unsanfte Briefe uns her von Rom getragen:

Wir sollten Trauer lieben und aller Lust entsagen.
Es schmerzt mich recht von Herzen, da wir so freudenvoll
Gelebt, daß für mein Lachen ich jetzo weinen soll.
Die Vöglein selbst im Walde betrübet unsre Klage;
Was Wunder, daß auch ich darob so ganz verzage? —
Halt ein! Ich Thor, was red ich in meinem bösen Sinn?
Wer hier der Freude folget, hat jene dort dahin.
Wehe immerdar!

Ach, wie in Erdensüße uns Giftes viel gegeben!
Ich seh die Galle mitten in dem Honig schweben.
Die Welt ist außen lieblich, weiß und grün und rot,
Doch innen schwarz von Farbe, finster wie der Tod.
Wen sie verführt, der sehe, wo Trost und Rettung sei!
Er wird durch leichte Buße von schweren Sünden frei.
Daran gedenkt, Ihr Ritter! Euer ist die Pflicht.
Ihr tragt die starken Brünnen und die Helme licht,
Dazu die festen Schilde. Geweiht ist Euer Schwert.
Mit Euch am Grab zu siegen, wollt Gott, daß ich des wert!
Dann wollt ich Armer wahrlich gewinnen reichen Sold.
Nicht Grund und Eigen mein ich und nicht der Herren
                              Gold;
Ich möchte jene Krone ewig, ewig tragen,
Die auch ein Söldner könnte mit seinem Speer erjagen.
Dürst ich die liebe Reise hinfahren über See,
Dann wollt ich: „Heil!" nur singen und niemals
                              wieder: „Weh!"
Niemals wieder Weh!

Anmerkungen.

***

Unter der Linde.

II. Strophe, 5. Zeile. „Heilige Fraue!" = Maria. Ausruf der Erregung.

Zwiefache Hut.

II. Strophe, 1.—3. Zeile. Dort in die Mauern ihrer heimat=
lichen Burg geben die Hüter mir nicht Einlaß, hier bei
Hofe, wo ich als meines Fürsten Sänger weilen darf,
hält ihre Vornehmheit und ihr Stolz mich fern von ihr.

Maienlust.

II. Strophe, 4. Zeile. Anspielung auf das wüste Treiben der
Dörfer (= Tölpel), wie es Neidhart von Neuenthal in
seinen Tanzweisen wiedergiebt.

Die herrliche Frau.

I. Strophe, 8. Zeile. Ich erlaube einem Andern, daß er m e i n e
(Walthers) Lieder zum Lobe seiner Auserwählten verwende.
(Der Minnesänger war meist zugleich der Erfinder der
von ihm angewandten Strophenform und ihrer Melodie;
beides wurde als sein geistiges Eigentum angesehen und
geachtet.)

III. Strophe, 9. Zeile. Macht mein hohes Loblied sie bekannt
und berühmt, so werden Edlere, vor denen ich weichen
müßte, um sie werben.

V. Strophe, 5. Zeile. ,Decke Dich', ein Ausdruck aus dem Fecht=
unterricht.

Wird denn niemand wieder froh?

Frau Sälde = Segenspenderin, Fortuna.

Vokalspiel.

V. Strophe, 7. Zeile. Doberlu = ein Cistercienserkloster in
öder Gegend der Niederlausitz; jetzt die Stadt Dobrilugk.

Kinderlehren.

Die Strophen lassen sich auch von je der letzten Zeile an aufwärts lesen. Das Gedicht prägt sich leicht dem Gedächtnis ein und war wohl auch zum Auswendiglernen bestimmt.

Fruchtlose Erziehung.

Man hat zu erforschen gesucht, wer wohl der Knabe gewesen sein möchte, an dem der Dichter mit so viel Hingabe und doch so ohne allen Erfolg seine Erziehungskunst ausgeübt habe. Am meisten Anklang hat die freilich nicht erwiesene Annahme gefunden, es sei der Sohn Friedrichs II., der junge König Heinrich, gewesen.

Dichters Klage.

I. Strophe, 1.—3. Zeile. Der Hauptvertreter jener Dorfpoesie, deren „bäurisch rohe Töne" in den höfischen Minnesang eindrangen, war der bayrische Dichter Neidhart von Reuenthal. Seine Tanzweisen schildern in derb realistischer, öfters roher Weise das Leben der Bauern, zumal ihre ausgelassenen Vergnügungen. (S. **Maienlust** II. Strophe, 4. Zeile.)

Der große Sturm.

I. Strophe, 1.—2. Zeile. In Versen und Prosaaufzeichnungen jener Zeit war vielfach ein vernichtender Sturm als Vorzeichen des nahenden Weltendes geschildert.

I. Strophe, 7. Zeile. Aufforderung zum Kreuzzug.

Elegie.

II. Strophe, 9. Zeile. Gemeint ist der im September 1227 über Kaiser Friedrich verhängte päpstliche Bann.

III. Strophe, 6. Zeile. Unter der „leichten Buße" versteht der Dichter die Teilnahme am Kreuzzuge, zu dem er in den folgenden Zeilen die Ritter aufruft.

Nachwort.

Der vertraute Kenner und Freund des Originals wird auch die beste Übersetzung nicht mit Genuß lesen, vielmehr mit Unwillen empfinden, wie häufig der Ton eine Wandelung erfahren hat und innerste Reize verloren gegangen sind. Der Übersetzer selbst teilt diese Empfindung und flüchtet sich, wenn er genießen will, aus seiner undankbaren Arbeit in das Original zurück. Wenn er es gleichwohl unternommen hat, dasselbe unter jahrelangen Bemühungen in das Deutsch unserer Tage zu übertragen, so geschah dies um des Dichters willen, der längst noch nicht in deutschen Landen zu seinem Rechte gekommen ist, und um der Zahllosen willen, die den Genuß von Walthers Dichtung entbehren müssen, weil sie das Original nicht lesen können. Ihnen dasselbe so nahe zu bringen, wie der Unterschied im Ton und Geiste der alten und der neuen Sprache irgend erlaubt, war sein Ziel. Und er würde seine Mühe für belohnt halten, wenn es ihm gelungen wäre, möglichst Vielen den Dichter doch so lebendig zu machen, daß sie, ergriffen von der Ahnung der Schönheit des Originals, sich in das Studium desselben versenkten und so zum vollen Genusse gelangten.

So wendet sich das Büchlein an weitere Kreise. Die Übersetzung erstrebte darum neben möglichster Treue vor allem Klarheit des Ausdrucks und ein reines modernes Deutsch; und die Auswahl ließ diejenigen Lieder beiseite, die dem Empfinden unserer Tage zu fern liegen. Freilich mußten auch manche andere fortbleiben, deren Übertragung trotz vielfältigster Versuche bis jetzt nicht gelingen wollte. Zu den zahlreichen früheren Übersetzungen steht die vorliegende in keiner Beziehung; denn ihr Verfasser hat von denselben nur gesehen was ihm gelegentlich in Anthologien und in Schriften über den Dichter begegnet ist. Nichts von diesem wenigen schien ihm so gut, daß man nicht versuchen sollte es besser zu machen. Freilich blieb ihm das Gelingen weit hinter Wunsche zurück, und an zahlreichen Stellen wird die Feile immer wieder ansetzen müssen; wie man denn bei poetischen Übersetzungen niemals im wahren Sinne fertig wird.

Herrn Dr. A. Leitzmann sei gedankt für sehr sorgsame Lesung einer dritten Korrektur. Wenigstens für einen Teil der von ihm angemerkten Stellen, die freilich fast alle dem Übersetzer selbst als verbesserungsbedürftig bewußt gewesen, konnte auf seine erneute Anregung doch noch eine bessere Fassung gefunden werden.

Einer etwaigen zweiten Auflage soll die Übersetzung einer engeren Auswahl der Sprüche beigefügt werden, die zur Zeit nicht vollendet werden konnte. Sie dürfen zum Bilde des Dichters nicht fehlen; denn in ihnen kommen wesentliche kraftvolle und tiefsinnige Züge seiner Natur, die freilich auch aus den Liedern hervorleuchten, doch erst zum vollen Ausdruck.

Eine erörternde Einleitung ist nicht vorangestellt, damit nicht gleich zu Beginn eine dritte, fremde Individualität zwischen Leser und Dichter trete. Dieser selbst möge unmittelbar wirken. Über sein Leben und seine Zeit findet der weitersuchende Leser reiche Auskunft in den Arbeiten von Burdach, Wilmanns und Schönbach. Am raschesten und anziehendsten wird er eingeführt durch des letztgenannten Buch: ‚Walther von der Vogelweide. Ein Dichterleben.‘ (2. Auflage. Berlin. 1895.)

Möchte auch vorliegendes Büchlein ein weniges daran mitwirken können, daß immer weitere Kreise teilhaben an dem kostbaren Schatze, der unserm Volke in Walthers Dichtung ruht.

Jena, im Mai 1898. W. E.

www.ingramcontent.com/pod-product-compliance
Lightning Source LLC
Chambersburg PA
CBHW030552270326
41927CB00008B/1613